U0124460

世界金奖级插画艺术家系列

路德维格·贝梅尔曼斯

[英] 劳里·布里顿·纽厄尔　[英] 昆丁·布雷克　著　王语微　译

北京出版集团
北京美术摄影出版社

世界金奖级插画艺术家系列

路德维格·贝梅尔曼斯

封面 《玛德琳》插画，1939年
封底 路德维格·贝梅尔曼斯作品，约1944年
卷首插画 钢笔素描
上图 老钢笔和水性铅笔素描
第112页图 钢笔素描

Ludwig Bemelmans
Published by arrangement with Thames & Hudson Ltd, London

Designed by Therese Vandling
This edition first published in China in 2020 by BPG Artmedia (Beijing) Co., Ltd, Beijing

图书在版编目（CIP）数据

路德维格·贝梅尔曼斯 /（英）劳里·布里顿·纽厄尔，（英）昆丁·布雷克著 ；王语微译. — 北京 : 北京美术摄影出版社，2020.9
（世界金奖级插画艺术家系列）
书名原文：Ludwig Bemelmans
ISBN 978-7-5592-0346-5

Ⅰ. ①路… Ⅱ. ①劳… ②昆… ③王… Ⅲ. ①路德维格·贝梅尔曼斯—生平事迹②插图(绘画)—作品集—美国—现代 Ⅳ. ①K837.125.72②J238.5

中国版本图书馆CIP数据核字(2020)第097032号

北京市版权局著作权合同登记号：01-2020-1449

责任编辑：王心源
执行编辑：李　梓
责任印制：彭军芳

世界金奖级插画艺术家系列
路德维格·贝梅尔曼斯
LUDEWEIGE · BEIMEI'ERMANSI

[英] 劳里 · 布里顿 · 纽厄尔　[英] 昆丁 · 布雷克　著
王语微　译

出　版　北京出版集团
　　　　北京美术摄影出版社
地　址　北京北三环中路6号
邮　编　100120
网　址　www.bph.com.cn
总发行　北京出版集团
发　行　京版北美（北京）文化艺术传媒有限公司
经　销　新华书店
印　刷　广东省博罗县园洲勤达印务有限公司
版印次　2020年9月第1版第1次印刷
开　本　787毫米×1092毫米　1/16
印　张　7
字　数　98千字
书　号　ISBN 978-7-5592-0346-5
定　价　98.00元
如有印装质量问题，由本社负责调换
质量监督电话　010-58572393

目录

简介

许多读者十分了解并喜爱玛德琳和以她为主题的绘本中的其他人物。这些绘本的文字和插画均由路德维格·贝梅尔曼斯完成。作者在其一生中出版的《玛德琳》系列共5本，第一本出版于1939年。这些书被翻译成包括南非荷兰语、日语和斯瓦希里语在内的多种语言，在世界范围内已经销售逾1400万册。

诚然，无论是故事讲述还是插画作品，《玛德琳》系列无疑是贝梅尔曼斯艺术生涯中一座精彩辉煌的纪念碑；然而贝梅尔曼斯的艺术作品还有相当一部分并非仅仅面向儿童读者。贝梅尔曼斯的名字透露着些许异国情调，事实上他的许多创作都与旅行有关。这些旅行并非以任何探索形式而构成，而是流连辗转于不同国家的酒店生活经历。他非常善于将这些经历用故事的形式娓娓道来——这些叙述可能是真实的，有时也许超越了真实。这些经历静静流淌并将其包围，他用一种巧妙而极具个人风格的方式记录和赞颂他的旅行生活。

读者难免会有这样的感觉：贝梅尔曼斯一生的命运注定与其书中所描述的状态相同：他不应在一个国家落脚扎根；他终究不应属于任何一地。19世纪末，贝梅尔曼斯出生于奥地利；1914年，他来到了美国。初到美国，他一开始是在酒店工作，酒店的工作经历迅速成为其创作的主题，并为其带来了源源不断的灵感。贝梅尔曼斯可谓是自学成才。我们也许可以这样总结：这段从酒店经历所获取的“教育”，取代了其他艺术家在专业艺术院校所花费的时间和精力。当贝梅尔曼斯对自己的绘画水平有了足够的自信，他就开始接受一些漫画和广告的委托订单，然后转战于儿童书籍、杂志文章、他个人的回忆录，以及油画创作。

贝梅尔曼斯的绘画方式有些不同寻常。他的作品充满了即兴的气息。事实上，从某种角度上来看，那些没有接受过专业培训的人们也许会认为他的作品是非常业余的。没有什么可以凌驾于真相之上。贝梅尔曼斯很清楚自己在做什么，他因此丢弃了许多版本——在他看来，这些构图在呈现于纸张上时缺乏艺术的自

上图

《玛德琳在伦敦》书中某幅插画的若干素描手稿，1961年

上图

在酒店工作时的贝梅尔曼斯，自画像，发表于《城里城外》杂志，1950年

第9页图

插画信笺拼凑图，这些插画信笺由贝梅尔曼斯和他的小女儿芭芭拉绘于酒店的留言纸上，时间大约在20世纪40年代

Barbarita

…day I left
… early in the
… in a plane
… four engines

…above the
…all the
…ows of the
…the

HOTEL CASA BLANCA
MONTEGO BAY
JAMAICA B.W.I.

Dearest Barbara –

Yesterday someth…
happened to me, tho…
think happens on…
(there is no more…
this bottle wait…
Yesterday…
happened…
think he…

CABLE: H…
CÓDIGO

Gran Hotel Costa Rica
125 CUARTOS · 125 BAÑOS · 125 TELÉFONOS
SAN JOSÉ, COSTA RICA
AMÉRICA CENTRAL

Dearest

BARBARA

Today is Sunday and all the soldiers go to church with a Band and during the procession – large guns boom in the mountain

This Place is a good deal like Quito it is not as big up and not as large – its only about the way up – ITS VERY NEAT CLEAN But not half as … Quito the Indians … houses like Pe… run about …

SPLENDID HOTEL
PORT-AU-PRINCE, HAITI
TELEPHONE 3391
MME MARIA FRANCKEL Prop.

Haiti the 12th of March

My dearest Barbara –

to this Island I came in a flying boat – an Aeroplane that can swim – it takes longer to get off the water with … then it … to rise from … field with … …

…t it is safer here – …ter to beneath the … …e little Boy … …son of the … …d mo…

Macqueripe Beach Hotel
Trinidad
B.W.I.

Papa

I hope … were – and that … won't give me … some love to my … as you my …

KAWAMA BEACH CLUB
VARADERO, CUBA

To

Tomorrow
MIAMI the Day after to
…M BEACH ONE MORE DAY IN HOBE
…OUND and the DAY
After

Home –

…NDID HOTEL
PORT-AU-PRINCE, HAITI
TELEPHONE 3391
MME MARIA FRANCKEL Prop.

people are happy
they are all very
polite and they carry
every thing on their
heads – The Moon here
shines so brightly – but the roosters sing
all night goodbye my …

LOVE TO MUMMY AND TINTY

KIKERIKIII !

Prisoner

发性。他的绘画作品透露出轻松而愉悦的气质，这种气质让这些作品看起来并非一项正经的艺术创作工程。他好像就坐在你的身旁，对你描绘着这个地球上某个地方的模样，或是侍应生领班的表情，抑或是餐桌上某一瓶调味料的细节。

事实证明，这些旅行经历是非常有价值的。在贝梅尔曼斯的一生之中，他为成年人创作了22本书，还有数不胜数的自传体插画、16本儿童读物，以及许多为杂志所创作的作品，包括《纽约客》《城里城外》和《假日》。晚年，他将更多的时间倾注在油画创作上，然而插画仍然是其心中永恒的主题。

在酒店出生

路德维格·贝梅尔曼斯于1898年出生在蒂罗尔州的梅兰。他的少年时期正值奥匈帝国的最后几年。他生命中两个最重要的主题——酒店的工作经历和他的艺术生涯，都在童年时期初见端倪。他的母亲弗兰齐斯卡是德国雷根斯堡一位富有的酿酒商的女儿；他的父亲兰佩特出身于比利时的一个酒店家族，并且还是一位画家。

贝梅尔曼斯的父亲在位于奥地利萨尔茨卡默古特地区的格蒙登拥有一家酒店。贝梅尔曼斯在特劳恩湖畔的一座大房子里度过了养尊处优却又寂寞孤独的童年。他很少见到自己的父母，而是被一位名为加塞列的法国家庭教师抚养长大。尽管加塞列将法语作为贝梅尔曼斯的第一语言教授，但贝梅尔曼斯却称呼加塞列为“governess”，因为他无法掌握“Mademoiselle”（法语：家庭教师）这个法语词汇的发音。在他的记忆中，自己的童年是这样的：吃着杏饺糕点，沿着长廊散步，在藤蔓覆盖的温室里吃饭，不与其他孩子混在一起。一旦秋天来临，加塞列便在家中用法国的儿童故事和歌曲，以及来自巴黎的图画和明信片来陪伴年幼的贝梅尔曼斯。这些童年经历让他对这座城市产生了某种怀旧而带有乡愁的视角，这种视角成为《玛德琳》的主题。

父亲有时候会让加塞列穿上他收藏的盔甲，然后为其素描写生。还有时候，父亲会让贝梅尔曼斯乘坐马车，带上两只白色的

第11页图
身着水手服的幼年路德维格，约 1901 年

To
with
Love
New York
APR. '59.

右图
《湖中城堡》，格蒙登，奥地利，水粉画，1955年

猎狼犬，一同出外游玩。然而，父亲终归将他的大部分时间都花在他的所谓志同道合的、注定与芸芸众生格格不入的朋友[1]身上。父亲兰佩特还是一位流连于“花丛”中的花花公子。尽管贝梅尔曼斯将格蒙登描绘成“一幅仿佛维也纳轻歌剧一般的风景……这里没有任何暴力事件发生的可能”，但父亲兰佩特一系列的行径有如许多凄凉的歌剧桥段一般[2]。1904年秋天，他与一位名为埃米的女子私奔，抛下了已经怀孕的弗兰齐斯卡。家庭教师加塞列自杀身亡。被遗弃的弗兰齐斯卡带着年幼的贝梅尔曼斯，强忍羞愧回到她父亲的家中，并生下了贝梅尔曼斯的弟弟奥斯卡。

在贝梅尔曼斯眼中，雷根斯堡实在乏善可陈。他的德国亲戚们一直试图消除法国文化对其童年生活的所有影响。在学校里，贝梅尔曼斯“不遵守规矩，不懂礼貌，吊儿郎当，总是迟到，人际关系紧张”[3]。他未能完成学业，这意味着他服兵役时，只能成为一名普通的士兵。为了避免让家族蒙羞，12岁的贝梅尔曼斯被送回他出生的小镇梅兰，他的汉斯叔叔和玛丽阿姨在此处拥有一些酒店产业，贝梅尔曼斯便跟他们住在一起。他带来了自己的素描和水彩画，这些作品给玛丽阿姨留下了深刻的印象，她建议贝梅尔曼斯学习绘画。对此，汉斯叔叔则有着不同的看法，也许是不苟同贝梅尔曼斯父亲作为一名画家离经叛道的生活，他将贝梅尔曼斯安排进自己经营的一家酒店里工作。

这是贝梅尔曼斯从事高档酒店二十年职业生涯的开始，他不得不将艺术学习暂时搁置一旁。尽管如此，这些酒店的工作经历为他后来创作的许多书籍提供了丰富的素材。他是这样描述这些屡见不鲜的场景的：“在这里，你所遇见的所有人都是上了年纪的……楼上是俄罗斯大公、法国伯爵夫人、英国贵族和美国富豪。楼下就是一些法国厨子、罗马尼亚理发师、中国美甲师、印度擦鞋童、瑞士管家和英国男仆”[4]。

贝梅尔曼斯第一份工作的工作时间是从早晨8点到下午3点，而剩下的时间都属于他自己。他将这些业余时间都用在策马驰骋于山林之中或是素描手绘。这些郊游的经历为他提供了称之为“安全之岛”的视觉记忆，这些记忆由“刹那的喜悦的画面”所

第14页图
年幼的路德维格和加塞列在湖边的房子里，格蒙登，收录于《我的艺术生涯》，1958年

上图
贝梅尔曼斯的自画像，他将自己描绘成一个刚刚结束工作从雇主家回到妈妈家途中的餐厅侍应生。1913年11月14日

组成——（这些画面）“熟悉而温暖，充满了安全感，完全属于我一个人”[5]。其后，当贝梅尔曼斯遭遇困境时，一次又一次地回归此处，并将此处屡屡呈现于他的作品之中。

贝梅尔曼斯的家族为其提供了许多机会让他来证明可以胜任酒店的工作，然而他却不断地被解雇。最终，整个家族的耐心消磨殆尽。1914年，已满16岁的贝梅尔曼斯面临着两个选择：要么被送去一所专门为训练商务航海的海员所设立的新式学堂，要么前往美国——他的叔叔在那里有一些酒店生意。那里也是他父亲兰佩特当时生活的地方——他当时的职业是一名珠宝商人。同年七月，第一次世界大战爆发，在一个新大陆重新开始的想法充斥着贝梅尔曼斯的脑海，他决定动身前往美国。

上图
贝梅尔曼斯为表现“刹那间的喜悦的画面”所绘的带有某种避世风格作品中的其中一幅

第17页图
这幅绘制于1941年的作品描绘的是贝梅尔曼斯于1914年到达美国之前对曼哈顿的想象

在美国开始新生活

这个年轻的男孩在对美国的真实情况一无所知的情况下，在鹿特丹港登上了前往美国的雷丹号邮轮。在此之前，贝梅尔曼斯购买了“两把手枪和许多弹药”，他心想：“有了这些，我就可以保护自己免受印第安人的欺负”[6]。后来，他在回忆起年少对

The Island of Manhattan
as once imagined by Ludwig Bemelmans

美国的想象时，用画笔描绘了他想象中的美国原住民的生活。在贝梅尔曼斯的脑海中，高架公路在屋顶上方纵横，并需要以过山车的形式来适应不同建筑物的高度。这幅作品也反映了当时的人们对美国的刻板印象。贝梅尔曼斯于1914年的圣诞节前夕抵达纽约，并在埃利斯岛移民局独自度过了他在美国的第一个晚上，因为他的父亲没能按时来接他。由于囊中羞涩及与父亲日趋紧张的关系，贝梅尔曼斯不得不拿出汉斯叔叔给他的介绍信，以谋取生计[7]。1915年，凭借着在阿斯特酒店和麦卡尔平酒店的工作经历，以及尚可能的英语（据说贝梅尔曼斯一生都从未说过一种不带口音的语言），贝梅尔曼斯在刚刚建成的位于麦迪逊大街和纽约第四十六街交界处的丽思卡尔顿酒店谋取了一个侍应生的职位。他在这里陆续工作了16年。丽思卡尔顿酒店常常以“锦绣酒店”和“可可手指宫殿酒店”的名称出现于贝梅尔曼斯的作品中，他将这座气势恢宏的建筑描述成“位于纽约城的欧洲之岛”。同时，他在这里遇到了与之前他在叔叔的酒店里常见的相同类型的客人和同事[8]。

军队经历

由于要服兵役，贝梅尔曼斯第一次离开丽思卡尔顿酒店，后来在他出版的个人传记《我与美国的战争》中，记录了这一段经历。这本书的每一个章节都用一幅卡通风格的小插画作为开篇。1917年4月，美国正式参与了第一次世界大战。鉴于贝梅尔曼斯的德国血统，在当年8月入伍时并没有被派驻海外，因此侥幸逃过了这场大屠杀。

他主动请愿成为一名医护工作者，开始在位于布法罗堡波特尔的一家精神病院工作，每天与一些从法国前线被直接送回的病患打交道。对于一个年轻人而言，这是一份非常具有挑战性的工作。他每天都被一些“令人不安的事件所包围”，这让他体会到对家乡蒂罗尔地区的回忆可以缓解这些负面情绪[9]。为了重建自己对山间景色的记忆，他购置了一些彩色蜡笔并完成了一些手绘，

第19页图
贝梅尔曼斯的这两幅水彩颜料作品创作于第一次世界大战期间他在美国服兵役的那段时间

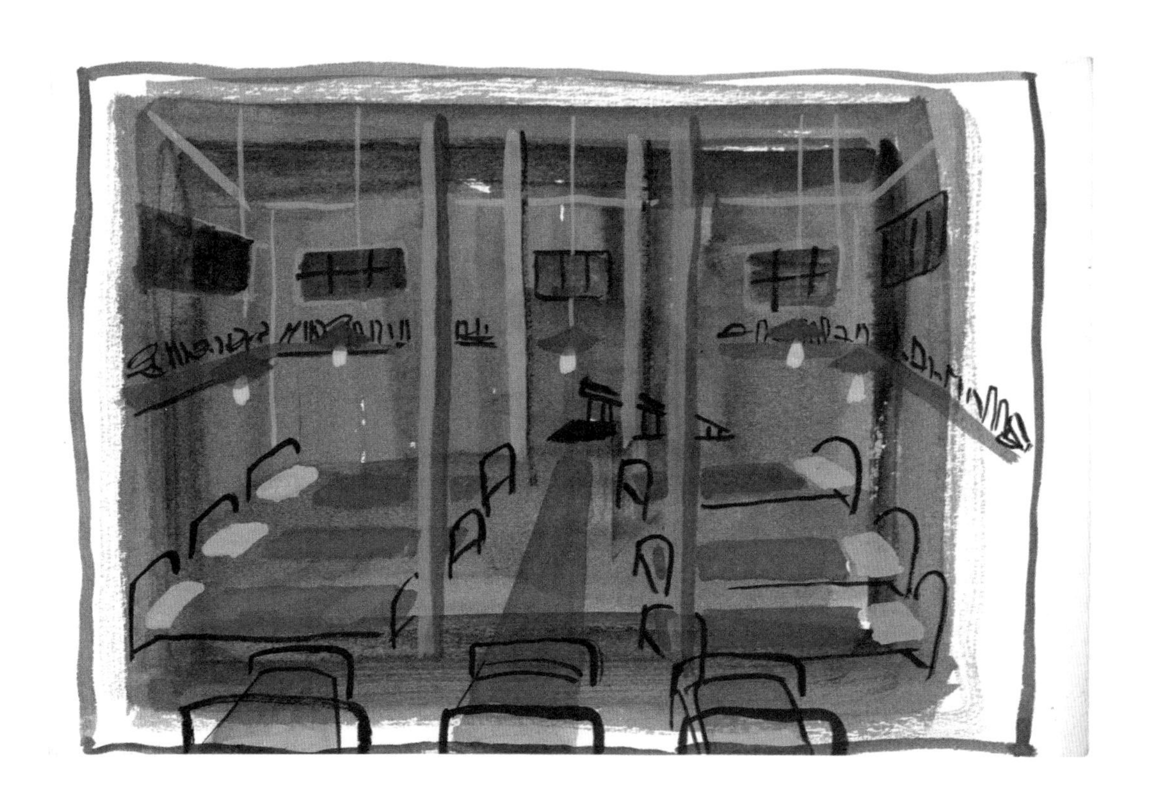

然而他发现，这些草图与脑海中的画面相去甚远。

在丽思卡尔顿酒店的生活

回到丽思卡尔顿酒店，贝梅尔曼斯体会到了这份工作的不易——过长的工作时间，以及不容置疑的森严的等级制度。然而，这个酒店不仅为他提供了生计、住所和亲密的朋友，而且在他作为一名艺术家和作家的发展道路上提供了主要的帮助。贝梅尔曼斯的一位同事———在他的书中以一个名为“Mespoulets”的老服务生形象出现，对这位年轻的侍应生在点菜单上的草绘赞赏有加，鼓励贝梅尔曼斯努力成为一名职业漫画家，并用哈里 · 康韦 · 费希尔的成功经历来激励他。费希尔曾是酒店的客人

下图
《贝梅尔曼斯的酒店生涯》插画，1946年

第21页图
铅笔手绘，这幅描绘了一位酒店厨子的草图绘制于餐厅的便笺背面

Restaurant
Splendide

之一，他创作的卡通喜剧《默特和杰夫》取得了巨大成功，名利双收的费希尔从此过上了奢华的生活。贝梅尔曼斯受到启发并迅速付诸实践：他开始采取用一种充满活力的风格创作一些反映社会现实和针砭时弊的幽默漫画。

首先，贝梅尔曼斯在酒店的工作中不断磨炼自己的绘画技能，这里的同事和顾客为他提供了用之不竭的创作素材[10]。除此之外，他还利用丽思卡尔顿酒店的各种场地和设施作为自己的画室，甚至连墙壁也不放过。他特别喜欢烘焙坊的光滑瓷砖，这些网格图案为他的手绘提供了一个完美的材料表面。这些绘涂痕迹用湿抹布就可以轻松擦拭干净，以便再次使用。夏季来临，餐饮业进入萧条期。每当酒店生意冷淡的时候，贝梅尔曼斯将其中一个小宴会厅当

上图

这幅自画像描绘的是贝梅尔曼斯在自己的工作室里作画的情景，这个工作室其实是丽思卡尔顿酒店的一个小宴会厅。这幅作品发表于《城里城外》杂志，1950年12月

第23页图

这幅作品描绘的是贝梅尔曼斯成为丽思卡尔顿酒店宴会部门的副经理后，可以随意使用酒店的厨房和酒窖。发表于《城里城外》杂志，1950年12月

8

5
La Cuisine agité

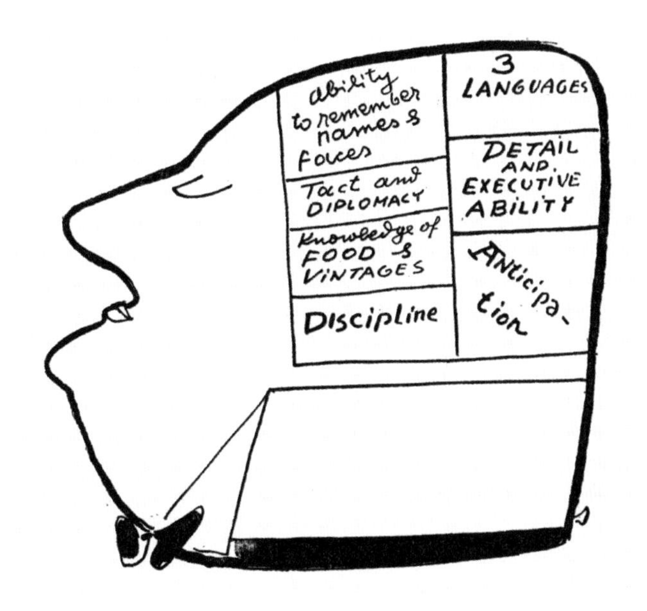

第24页图
这幅作品描绘的是酒店厨房里的热闹场面，发表于《城里城外》杂志，1950年12月

上图
这幅作品描绘的是贝梅尔曼斯在丽思卡尔顿酒店的上级领导们，发表于《城里城外》杂志，1950年12月

右图
一个优秀的酒店侍应生所应该具备的基本素质，创作于20世纪40年代

成自己的画室。他认为酒店忙碌时期的厨房上演着激动人心的一幕——身着白色制服的厨师与身着黑色制服的侍应生形成了鲜明的色彩对比。这种充满戏剧性的画面非常符合他的绘画风格，他善于从中捕捉情感和快节奏的人物活动。

在丽思卡尔顿酒店工作期间，贝梅尔曼斯参加了一个人体素描课程，他将这里视为一个避难所；或者，就其独特的避世性格而言，这里就像“在山林中的一次短暂的假期”。虽然他声称，在这个课程中，由于“害怕画错了”，因此“从未画过一根线条”，他从中真正学会的是“如何观察”[11]。贝梅尔曼斯在观察一幅完成作品的线条和色彩时，老师注意到他的观察视角，并认为他已经具备作画能力，只是何时付诸动笔的问题。其后，贝梅尔曼斯在《人体课程》一书中这样描述这个学习过程：

> ……某些午夜时分，或是在我毫无行动企图心时，例如在酒店里等待电梯，或是在墙上随意涂画一些简单的物件——椅子、桌子、鞋子、一张脸庞的时候，突然它就出现了，非常准确且美好。我不需要任何人向我赘述其究竟[12]。

上图
钢笔墨水画，在《贝梅尔曼斯的酒店生涯》一书中重新绘制，1946年

右图
参加人体素描课程时的手绘，收录于《贝梅尔曼斯的酒店生涯》，1946年

传统的工作室或绘画环境往往使贝梅尔曼斯无所适从。在其职业生涯的大部分时间里，他发现那些日常生活中的景象更能激发其写作和绘画的灵感，例如在拥挤的酒吧中，他可以使用手边的任何平面和材料进行创作。

在纽约成为一名插画家

创作成为贝梅尔曼斯负面情绪的宣泄口，让他在丽思卡尔顿酒店的工作变得可以忍受。随后，他成为宴会部门的副经理，这个收益丰厚的职位为他带来了一定比例的分红，他也因此能够负担多次返回欧洲看望家人的费用，并购置了一辆全新的价值一万五千美金的西瑞汽车。同时，他还迎娶了英国芭蕾舞演员丽塔·波普。

然而，他此时的野心是能够全身心地投入卡通漫画创作之中。1926年，他成功在《纽约世界报》上发表了自己的第一则卡通漫画连载《神经伯爵历险记》。贝梅尔曼斯使用了当时其他漫画家惯用的模式：一个荒谬的男主角（一个愚蠢的贵族），具有夸张的人物特征，例如尖尖的长鼻子和浮夸的服饰，加上一个聪明的拍档（一个教授）。贝梅尔曼斯将一个个不规则的画框图形串成故事线，这样使他的漫画作品在报纸版面中更引人注目；在当时，大部分的漫画作品都使用统一的方框形状结构。开篇的场景由文本框和一些国外建筑组成，这样的构图也是非常独特的。贝梅尔曼斯期望可以用一些相对遥远的地点来引导和取悦他的读

上图
《神经伯爵历险记》，1926年

者，这种创作意图在这则作品中首次得以彰显，并成为他后来创作的许多作品中的主题。

20世纪20年代，卡通漫画逐渐在世界范围内流行起来，这无疑为贝梅尔曼斯提供了一个平台。然而，在教育阶层的眼中，这些卡通出版物仍然是一种不值得被认真关注的低级的艺术形式。对于从不循规蹈矩的贝梅尔曼斯而言，这也许会成为一种压力；因为他一直努力学习艺术，并按照一名艺术家的标准来定义和要求自己——艺术创作只应服务于艺术本身。

随着《神经伯爵历险记》的成功，贝梅尔曼斯认为他的好运来了，然而这漫画并未在其他报纸、期刊上发表，六个月以后，也从《纽约世界报》上被撤了下来。这位已经从丽思卡尔顿酒店辞职的雄心壮志的画家，不得不再次回到那里工作。1931年，他结束了自己在丽思卡尔顿酒店的工作，选择以插画师的身份成为一名自由工作者。这是他一生之中最糟糕的时期。华尔街股灾引发了经济大萧条，贝梅尔曼斯的生活也跌到了谷底——他与丽塔·波普的婚姻走到了尽头，而几年前来到纽约投靠他的弟弟奥斯卡，在丽思卡尔顿酒店工作时从升降梯上坠落身亡。

贝梅尔曼斯陷入忧郁无法自拔，甚至萌生了自杀的念头。然而，他的职业生涯却开始慢慢好转起来。1932年，他收到了来自许多期刊的邀约，为那些包括极负盛名的讽刺性幽默期刊《审判》在内的期刊绘制封面。与此同时，他还为一些商品品牌绘制广告图片，例如“Jell-O”和一个名为帕尔明的德国烹饪脂肪产品。贝梅尔曼斯在这一时期的创作让人想起他早期的漫画作品：他经常用奥地利阿尔卑斯山脉的视角，以及存在于其关于童年的记忆中的其他场景来点缀自己的插画。

与此同时，他的个人生活也发生了戏剧性的变化。通过另一位商业艺术家欧文·梅兹尔的介绍，他结识了模特玛德琳·弗罗因德。贝梅尔曼斯亲昵地称呼她为米米，二人于1934年迈入婚姻的殿堂。她的名字和最初打算成为修女的事情后来被编入《玛德琳》丛书之中。1936年，他们的女儿芭芭拉出生了。

第29页图

为期刊《审判》绘制的封面，1932年三月刊

JUDGE
MARCH 12, 1932
Bemelmans

上图和第31页图

为名为帕尔明的产品所绘的广告图

BEMELMANS

第一本儿童书籍

此时，贝梅尔曼斯决定将自己的职业规划定位为一名插画师，此时的他被幸运女神眷顾了：经人介绍，他结识了梅·马西——致力于扩张儿童图书出版业的领军人物之一。1923年，她在双日出版社创办了第一个童书部门；1932年，她又在维京出版社创办了童书部门。许多国外作家和插画家将自己的作品投稿至这两个出版社，他们的作品向年轻的读者们呈现了色彩鲜亮的新世界。

贝梅尔曼斯与梅·马西的这次见面有着开创性的意义：

> 一位出版商带着梅·马西女士来到我家共进晚餐。这是一个死气沉沉的建筑，由六个房间组成，坐落于嘈杂的街区……为了隐藏这种喧嚣，也因为我过于思念家乡的山脉，我在窗外画了一幅画：这是因斯布鲁克的草地，长满了蓝色的龙胆草，有一个农民的房子，守林人坐在屋前，他的腿上趴着一只毛发粗硬的腊肠犬，一根长长的烟斗将他白色的胡须从中间分开。“你必须写童书。”梅·马西女士不容置疑地这样说道。[13]

在梅·马西女士的鼓励下，贝梅尔曼斯开始着手创作自己的第一本儿童书籍。他迅速摒弃了使用书桌和打字机的想法，而选择在浴室里、停在街道上的汽车里或是在床上——这些不经意的地点寻找灵感。这段时间贝梅尔曼斯每天晚上的睡眠时间只有三个小时，最多四个小时。他后来这样描述自己的这段经历：

> 我不能把我的颜料带上床，所以我只能躺在黑暗之中在脑海里书写，直到我捕捉到一些关键词。我会把这些关键词记录下来，然后再用词组填空，将它们联系、组合起来。这样我反反复复写了四次，甚至更多。只有当这些语句真正流畅通顺的时候，一切才大功告成，我终于可以结束努力。[14]

尽管在动笔前，贝梅尔曼斯的脑海中已经有了清晰的构图，但也要做上三到四次的尝试才定稿。对于自己即将出版的第一本的童书，他与梅·马西女士分享了许多草稿，并将她的有关图书编辑方面的建议铭记于心。当时，插画书与漫画书之间泾渭分明。从两人的通信中看出，他很赞同梅·马西女士的观点：

> 你是对的。卡通漫画是很廉价的——像一种纸张上的杂耍——要知道，儿童书籍里并没有这些打打闹闹的空间。所以我们要克服它——如果我们可以做点什么——是的——我从未有过如此热切的渴望想要做点什么：不惜一切代价地把它做好。[15]

上图
《汉西》的插画，1934年

1934年，《汉西》由维京出版社出版。本书的构思来源于贝梅尔曼斯的个人经历。它讲述了一个来自因斯布鲁克的小男孩前

BADRUTT'S
PALACE HOTEL
St. Moritz

第34页图
钢笔墨水手绘，绘于酒店的便笺上

上图
《汉西》的插画，1934年

往蒂罗尔与他的姨妈、姨夫、表兄利泽尔和他们的小狗瓦尔德一起度过圣诞节的故事。在这本书的插画里，描绘孩子们的铅笔笔触比较硬，而刻画小狗瓦尔德在滑雪板上的笔触则流畅而通顺。这无疑是贝梅尔曼斯早期作品的线条图和后期作品的绘画风格融合的结果——如果这本书还不足以体现和证明这一融合，它至少为他以后的创作方向提供了足够的可能性。

瓦尔德是贝梅尔曼斯创作的作品中所出现的众多令人难忘的狗狗角色中的其中一只。几年后，他用铅笔素描为一本关于一只名为瓦尔德的腊肠狗的童书创作了一只狗狗的形象，并给它拟了一个关于它自己的完整的故事。

在为《汉西》一书做色彩分割线准备的时候，贝梅尔曼斯得到了德国插画师库尔特·维泽的帮助，在此期间，他们俩建立起

上图和第37页图
以狗狗瓦尔德为主题的铅笔草绘，从未发表

了终生的友谊。维泽比贝梅尔曼斯年长十一岁，1927年从巴西来到美国，并且已经在儿童插画绘本行业中谋得了一席之地，他为这位年轻人的职业规划提供了导向（维泽的府邸位于新泽西州的一个小镇。在《汉西》一书出版后不久，贝梅尔曼斯与米米在这里举行了婚礼）。在20世纪30年代，大多数插画家都需要为自行分装印刷做准备，这是一个非常耗时的工作，它需要在四块独立的锌板上将图像转换成四个组件颜色。由于这个过程需要耗费许多精力和经济成本，因此，当时许多的绘本只有数量极其有限的全彩插画，点缀于单色或是双色的图画页面之中。

哈布斯堡餐厅的壁画

大约是同一时期，贝梅尔曼斯接到了另一份订单——为位于纽约的哈布斯堡餐厅绘制黑白壁画，以及被要求为餐厅的菜单画插画[16]。1934年出版的一份城市指南这样描绘这家餐厅："这是一栋规模不大的纽约的旧房子，它最初是作为一个私人午餐俱乐部开始营业的[17]。这个餐厅的三位老板为贝梅尔曼斯拟定了一份合约：由他来经营管理这个餐厅，以换取楼上公寓的免费居住[18]。壁画是用黑白水粉在墙纸上绘制而成，然后再固定到纤维板上。壁画描绘的是维也纳及其标志性建筑，还包括许多其他的场景：一个修女与一群孩子列队整齐地走在一起，还有一群孩子被一只狮子吓得够呛。这表明《玛德琳》系列丛书的故事情节已经在贝梅尔曼斯的脑海中初具雏形。

这些图画是贝梅尔曼斯可以在不同的材料表面用画笔巧妙展现城市景象的早期例子。许多小幅的构图汇聚在一起，构成一个个叙述性的情节。如今无法判断的是，贝梅尔曼斯究竟是先将壁纸粘贴到墙壁然后开始绘画，还是将已经完成的壁画直接粘贴到墙壁上。但有一点很明显，跳脱出书籍纸张的绘画形式对他的艺术创作产生了解放性的效果。与《汉西》绘本中的插画相比，那些散乱和常识性的黑色线条，在壁画中要少得多。

虽然哈布斯堡餐厅的壁画深受客人欢迎，但贝梅尔曼斯对餐厅的经营管理就要另当别论了。不到一年，餐厅的老板结束了与他的合约。他用这些收益和米米前往欧洲度过了一个迟来的蜜月。

右图

哈布斯堡餐厅的壁画（部分），纽约，约1934年

HEUTE

更多的儿童绘本

这一趟蜜月旅行给贝梅尔曼斯带来新的灵感，他随后创作了《金篮子》，本书于1936年由维京出版社出版。这是关于一位父亲和他的两个女儿的故事。他们居住在布鲁日的一家酒店里，有一天看到了一个名叫玛德琳的女学生——这是十二个“两个一组结伴而行的”女孩中个头最小的一个。女孩们的身边是“可爱的、高大的、一直和颜悦色的女教师塞韦林”[19]。

尽管贝梅尔曼斯曾经承诺梅·马西女士摒弃“卡通画”，但他仍然继续为成人和儿童出版物绘制漫画。1933年，他在《星期六晚邮报》上发表了《面条，训练有素的海豹》。1935年至1937年期间，他在《美国青年》杂志上以每周一更新的频率发表了自己的连载漫画《傻威利》。漫画曾是他最爱的体裁，而创作漫画也是出于财政需要的考量。在他作为插画家的大部分职业生涯里，贝梅尔曼斯可以被这样形容：“常常破产却从不贫穷”，那些在顶级豪华酒店的工作经历让他从未有过一丝节俭的价值观。正如后来他在接受采访的时候所述：“我享受有品质的生活方式。当我在丽思卡尔顿酒店工作的时候：每天两瓶香槟，冷气机一直运行，有专门的侍应生打理我的衣服，雪茄可以随便抽。”[20]直到晚年，他的经济状况才足够稳定，他才可以完全出于自己的兴趣作画，并得以寻求一些被定义为商业艺术家以外的内容。

1937年，《金篮子》当选为“纽伯瑞大奖”银奖作品，贝梅尔曼斯因此在儿童书籍行业里声名鹊起。他因此接到了一份新的订单——为芒罗·利夫的一本作品《面条》配图。声名赫赫的利夫，正是畅销书《费迪南德的故事》的作者。这本书由维京出版社于上一年出版，讲述了一只不会战斗的西班牙公牛的故事。这次合作的结果是，《面条》（与他在于1933年发表的连载漫画同名）成为贝梅尔曼斯出版的所有儿童书籍中唯一一本没有参与内

右图
《面条》插画，1937年

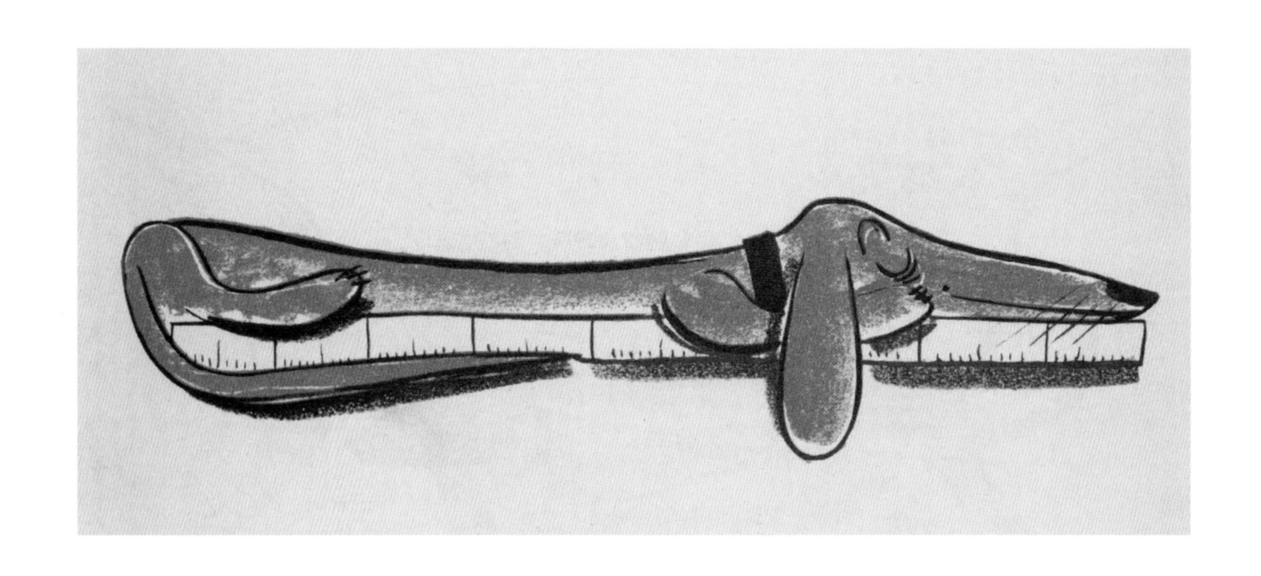

容书写的。这是一个关于腊肠犬的故事，它常在挖啃骨头的时候为自己不给力的身形而扼腕叹息。善良的狗狗仙女给了它一个机会，可以将它变成想要的模样，尽管它的身形比例不协调，但它还是决定欣然接受自己的样子。[21]这个简单的故事的受众是年轻的读者。贝梅尔曼斯使用了棕色、黑色和白色的彩色粉笔作画，与这个故事朴实的气质相辅相成。这是他将松散而俏皮的线条贯串整个作品的第一本书。本书采用两种颜色印刷，这显示出贝梅尔曼斯游刃有余地应对有限色板局限性的能力。

与贝梅尔曼斯的早期作品相比，《面条》所带来的经济利益更可观，它的文字部分更简短这标志着主题风格的转变。他后来发现，这样的安排可以给“多样化的插画”留有更多空间。[22]贝梅尔曼斯在其出版的第四本儿童书籍《基多列车》中延续了这种风格。这本书于1938年由维京出版社出版。这是一本关于一个名叫佩德罗的男婴的故事。在书中，佩德罗爬上了行驶于厄瓜多尔境内的基多列车，他在列车上爬行穿梭于各节车厢，直至售票员将他交还给他的家人。就像在《面条》一书中一样，贝梅尔曼斯用彩色粉笔描绘了基多列车，然而这一次他只使用了棕色。线条的使用有些精致，有些则显得污浊，这些对比鲜明的棕色线条强烈地刻画出厄瓜多尔的朴实色调。

上图
《面条》插画，1937年

第43页图
《基多列车》插画，1938年

《基多列车》传达了旅途之中的兴奋与喜悦——在新鲜的景象中穿梭并不断发现新的惊喜——这是贝梅尔曼斯许多故事的核心，它们反映出作者生活中最大激情的来源之一——不断前行。《基多列车》旨在向读者展现一个轻松幽默的异国他乡的场景。这种题材特征在贝梅尔曼斯后来的许多作品中都有迹可循。

《玛德琳》

为了创作他的下一部儿童书籍，1938年贝梅尔曼斯在妻子米米和女儿芭芭拉的陪伴下，又来到了法国。在家人的陪伴下观赏巴黎这个城市的经历，加上那些驻留他脑海中已久的来自幼年时

第44页左上图
《基多列车》插画，1938年

第44页右上图
关于厄瓜多尔的插画，1937年

第44页下图
贝梅尔曼斯在厄瓜多尔旅行中拍摄的照片，约1937年

右图
贝梅尔曼斯与米米和芭芭拉于1938年前往巴黎，这幅作品是创作于本次旅行过程中众多作品的第一幅，作品描绘的是刚刚抵达巴黎的父女。1953年重绘并收录于《父亲，亲爱的父亲》一书

本页和第47页图
一些铅笔和水彩画，收录于手绘薄《约岛》中，1938年

期的对这座城市的记忆——这份记忆来自家庭教师加塞列手中的那些从巴黎寄来的明信片，共同构成了贝梅尔曼斯生命中的某个重要时刻——从此，他与这座城市建立起终生永固的感情。这一点成为《玛德琳》系列丛书中的多部作品的绝对主题。在20世纪50年代中期，他再次回到这座城市，并居住了一段时间。

其后，贝梅尔曼斯一家人动身前往西部大西洋海岸。在1938年8月的手绘簿《约岛》中，贝梅尔曼斯小心翼翼地描绘出岛上沿岸的建筑物，并用各自的名称和颜色来逐一标注，好像在计划着将来在某个故事情节中向读者展示这个渔村。然而，留在约岛的经历为贝梅尔曼斯所带来的成果远不止于此。一日，一辆面包车（岛上唯一的机动车）撞到了贝梅尔曼斯的自行车，他被送往医院，这一意外为贝梅尔曼斯的艺术创作带来了成果丰硕的灵感。当他躺在“一张狭小的白色木床上”，贝梅尔曼斯注意到他头顶的天花板裂缝看起来就像是一只兔子，又像是法国政治家莱昂·布鲁姆的侧颜，或者是一条巨大的沙丁鱼。同时，“隔壁房

上图
《玛德琳》插画，1938年

间里住着一个小女孩，刚刚经历了阑尾切除手术”。[23]这正是贝梅尔曼斯开始构思这本书的关键要素。回到巴黎后，他开始描绘一个场景：以一个生活在巴黎寄宿学校的小女孩的故事作为背景，这个小女孩面临着切除阑尾的紧急手术。

后来，贝梅尔曼斯坚称没有任何自己想象的成分，玛德琳的人物形象和性格是靠她自己的力量产生的：“是她自身坚持要以这样的方式出现。”[24]正如我们所看到的，构成玛德琳这一人物形象的一些要素，贝梅尔曼斯自己也承认的素材来源，包括：

> 妈妈曾给我讲述了她还是一个小女孩的时候，在巴伐利亚阿尔多廷的一个修道院里的生活经历。我和她共同来到这个修道院，看到了一排排小床……我自己，还是一个小男孩的时候，被送到罗腾堡的一所寄宿学校。我们被分成两列，笔直地穿过那个古老的小镇。我是孩子们中最小的一个，但我却站在队伍的第一排并走在最前面，而非牵着队伍末尾的女教师克拉维尔的手。[25]

此外，他觉得在和小女儿芭芭拉一起旅行的时候，通过她的眼睛看到的画面可以帮他构思本书的许多场景。

回到纽约后，贝梅尔曼斯在最喜欢的酒吧之一——位于格拉梅西公园区的皮特酒馆的菜单背面和服务员的点菜单背面画了许多草图，还做了许多笔记。尽管本书完稿后的许多插画，以及后来加上的与玛德琳有关的标题，都散发出某种自发性的气质，然而实际上贝梅尔曼斯为此付出了许多努力，他描绘了很多模拟场景和“虚构”的版本，以磨炼自己的构思和整合素材。

贝梅尔曼斯最终对自己的文字和图像的整合方式感到满意，于是他联系了维京出版社的梅·马西，向她展示自己的作品《玛德琳》。然而，梅·马西却将它拒之门外，或许是因为它太复杂、太卡通，抑或印刷成本太高，如今已经无从得知。在被维京出版社拒绝以后，西蒙舒斯特出版社迅速介入，并于1939年9月5日出版了这本书。在此前几日，《生活》杂志刊登了《玛德琳》的

第49页图
这幅铅笔手绘画在一位侍应生手中的点菜单里，画的是一个看起来像玛德琳的小女孩

上图

为了让名字听起来更押韵，在作品《玛德琳》中，贝梅尔曼斯决定将女主角玛德琳的名字拼作“Madeline”（而非“Madeleine”）。玛德琳肖像练习画，约1938年

第51页图

芭芭拉·贝梅尔曼斯所绘的自画像，约1943年

Barbara

一个编辑后的版本，并成功证明了其对成年人和孩子都具有巨大的吸引力。这本书是在第二次世界大战爆发的同一周出版的，鉴于前往欧洲的严重受限，贝梅尔曼斯对再次前往巴黎的期望与日俱增。

在许多读者的记忆中，《玛德琳》是一本色彩缤纷的书，但实际上这本书只有四页全彩插画，其他三十六页都是用黑色线条及中间色调的黄色水洗色背景印刷。这四页全彩插画展现的是巴黎的景象。页面线条的风格与全彩插画相互辉映，它展示了贝梅尔曼斯对如何创作绘本的理解，利用局限性来发挥自己所长。贝梅尔曼斯已经明确地找到了属于他自己的独特风格——就像他那华丽的签名一样。这些插画让人想起马蒂斯、毕加索和迪菲，而且它们还能与孩子们产生共鸣。这些图画利用线条和点的勾画，传达了一个小女孩的所有情感。如果将这些因素全部整合起来考量，《玛德琳》无疑是当时同类出版物中的创新之作。

对于贝梅尔曼斯作品的年轻读者而言，本书开篇场景，“在巴黎的一座覆盖着葡萄藤的老房子里，十二个小女孩的床整齐地排成两列”，实在太熟悉了。[26]贝梅尔曼斯使用一些简单、押韵的语句，对于他们来说，也更平易近人，他们甚至可以在阅读完文本之前就开始讲述故事情节。贝梅尔曼斯用通俗易懂的语言，以及插画中对称而井然有序的建筑物，建立起一个让人安全感十足的框架：玛德琳和她的同学们进行各种危险而惊心动魄的冒险后，最终仍须返回她们整齐的小床。最后，他还不忘提醒读者，这只是一个睡前故事：“这就是故事的全部——到这里就结束了。”[27]《玛德琳》一经问世便取得了成功，并于1940年获得了“凯迪克奖”银奖。然而，尽管这本书很受读者欢迎，但在往后的十四年里，贝梅尔曼斯都没有重拾这个备受喜爱的角色。

第52页图
在巴黎的一座覆盖着葡萄藤的老房子里，《玛德琳》，1939年

右图
为《玛德琳》第一版重新绘制的卷首与卷尾插画，1939年

LA CONCORDE

上图和第57页图

《玛德琳》插画，1939年

为杂志所创作的作品

20世纪30年代后期，贝梅尔曼斯在儿童书籍的领域取得了更显著的成功，他从各个杂志得到的佣金也水涨船高。他将自己丰富的旅行经历融入到自己的作品中。例如，1937年他在结束南美洲的旅行后创作了《基多列车》；发表于1937年10月30日刊的《纽约客》的一篇作品及一系列的故事，以及1941年发表的《驴子的内心》都来源于1940年前往厄瓜多尔的那次旅行。

诸如《纽约客》《城里城外》《VOGUE》这样的杂志为贝梅尔曼斯赢得了水准很高的读者群，他们帮助贝梅尔曼斯将自己定义为一个追求精致生活的旅行者。编辑们欣赏他将社会评论及诙谐幽默的语言风格编织进写作中的能力，以及他可以将自己所旅行过的地方和遇到的人深刻地融入插画中的技艺。贝梅尔曼斯几乎是在将自己的记忆用摄影的形式呈递出来，这是他自幼年起就

下图
在巴西旅途中的手绘插画，1937年

发掘并具备的才能。这门技能让他在创作这些作品的时候如鱼得水，他能够在速写本上迅速而生动地描绘出各种图像，并添加精妙的注解。

此外，贝梅尔曼斯还为《纽约客》创作了超过三十期的封面——无论是对他的艺术技巧还是个人经历而言，这都是具有挑战性的，读者在看这些封面时，首先注意到的就是他在许多风格体裁上取得的辉煌成就。这些封面或许并非《纽约客》杂志中最具特色的，然而它们引起了读者的沉思及复杂的情感共鸣。贝梅尔曼斯所设计的封面散发出令人惊讶的活力：或是交通堵塞的巴黎；或是人山人海的海滩上，人们深浅不一的肤色，以及穿着五颜六色的沙滩裤；或是一排正在工作的厨师，面前有一只两脚朝天的家禽；又或是滑雪者们在雪地里制造出不同的几何图形。

上图

独立广场，基多，《VOGUE》杂志，约1937年

右图

《吕肖餐厅的一个礼拜天的晚上》，发表于《城里城外》杂志，1941年，这幅作品所描绘的吕肖餐厅是一家位于纽约东14条街的闻名遐迩的德国餐厅。贝梅尔曼斯的插画还出现在《吕肖餐厅的德国菜谱》一书的封面上，他为这本书撰写了简介，并绘制了一些其他插画，1952年

Leberwurst
Importierte Cervelatwurst
Imported Salami
Pickled Pig's Feet, Sliced Onions
Half Lobster, Mayonnaise
Whole Lobster, Mayonnaise
Ravigote
2
German Pancake

上图

《纽约客》插画，1950年6月24日

第63页图

《纽约客》插画，1955年2月5日

Feb. 5, 1955
THE
NEW YORKER
Price 20 cents
Bemelmans

回忆录、短篇小说、小说、电影剧本

这时期的贝梅尔曼斯是非常高产的，除了童书和杂志作品，他还开始为成年读者写作。他为成年读者所创作的第一部作品《我与美国的战争》便取得了巨大的成功，这本书于1937年由维京出版社出版。其后创作了一些轻松愉快的故事汇编，里面的很多故事最初发表于杂志上，故事大多围绕着他年轻时候的冒险经历和酒店工作生活展开，例如《人体课程》（1938年）和《锦绣酒店》（1941年）。有时，相同题材会被包装成不同的形式体现于他的作品中。这些作品通过简单而引人入胜的线条来表现主题，这种手法在他后来的作品中屡屡出现。关于这些故事的真实

下图

贝梅尔曼斯绘于自己在好莱坞米高梅（MGM）办公室的壁画，以《约兰德和盗贼》为主题，约1944年

性，在1941年所接受的采访中，贝梅尔曼斯这样解释：“我所书写的往往都是真实的。然而这就好比一场游戏。编辑会说‘这是虚构的’。我会回答‘不，这是真实的’。编辑会说‘这部分肯定是真的’。而我又会说‘不，这部分是虚构的’。”[28]他对这种体裁的处理越发得心应手，在1943年，他完成了自己的第一部小说《现在我躺下睡觉》。

此时的贝梅尔曼斯已经拥有相当的声誉，他接受了米高梅（MGM）的邀请，带着家人搬到了加利福尼亚州，开始了编剧的工作。在抵达新的工作地点后，他在自己办公室的墙壁上画上了动物、侍应生和一些社交场景。正如他在后来的回忆中所说的那样：“这些图像引起了很多关注，同时也有一些强烈的反对的声音——有些人要求将它们从墙壁上清除。这几乎就要付诸行

上图
贝梅尔曼斯于好莱坞米高梅（MGM）的办公室里，约1944年

动了，直到有人意识到重新粉刷这些墙壁需要支付高额的费用。‘就让这些画待在上面吧！’领导这样命令道，‘这个人是一个伟大的艺术家。’”[29]

在芭芭拉的记忆中，这是她童年生活中最安稳的时期，因为战争使她的父亲无法出远门。[30]然而，贝梅尔曼斯所创作的剧本只有一部拍成了电影。这个剧本的雏形是一篇发表于《城里城外》的故事，贝梅尔曼斯和雅克·泰里共同改编了这个剧本。该剧本被拍摄成电影《约兰德和盗贼》并于1945年发行，电影由文森特·明内利执导，弗雷德·阿斯泰尔和露西亚·布雷默主演。这部电影收益惨淡，贝梅尔曼斯的电影生涯也于此基本告终。

《假日》杂志

回到纽约后，贝梅尔曼斯着手整理自己早期在旅途中创作的文字和绘画作品，将它们交给各大杂志和出版商。1946年，《假日》杂志为他提供了一个新的平台。时值战后初期，远途旅行对于人们来说困难重重，而随着经济的复苏和收入的增长，人们迫切地想去远方看看，该杂志捕捉到了读者的这一需求，决定采用35厘米×28厘米（这个尺寸比当时大多数图画书都要大得多）的尺寸，以及全彩色印刷的编辑版面。这样的版面安排为贝梅尔曼斯提供了相较以前更多的创作空间。无论是法国港口、柏林餐厅的顾客，还是在火车站站台上的酒店行李搬运工，他的构图方式都体现出他非常享受在这样的版面上进行创作。

上图
《假日》杂志封面，1952年12月

第67页图
法国港口，《假日》杂志，约1948年

贝梅尔曼斯朝思暮想回到欧洲（他的母亲仍然住在奥地利），看看战争究竟给欧洲带来了怎样的影响。《假日》杂志给了他完全的自由——可以将旅行的地点定在任何地方。1948年，他的文字故事和插画以大版面格式整合在一起，以《最好的时代：一个重新审视欧洲的视角》为题发表。他曾经希望可以创作一本关于欧洲复苏的“愉悦欢快的作品”，然而在目睹欧洲城市在战争中所遭到的破坏和萧条景象后，他意识到，这是不可能的。[31]这成为一个充满挑战性的时刻。在此之前，贝梅尔曼斯的作

CAFE

右图

柏林酒店，《假日》杂志，约1948年

第70和71页图

圣莫里茨火车站的酒店行李搬运工们，《假日》杂志，约1948年

DAMEN

HOTEL
GRAND HOTEL

Furnished by The Curtis Publishing Company for Proving HOLIDAY
Inside Black & White & Color Advertising Pages

6-46
GS298
Printed in U. S. A.

上图
贝梅尔曼斯在格拉梅西公园附近的公寓住所，纽约

品中所展现的欧洲城市总是明亮的、色彩缤纷的、风景如画而充满活力的。在追求真实性的过程中，他无法将记忆中的错觉印象付诸笔端，于是他做了这样的构图安排：画面的一边是战前的慕尼黑，旁边的图案则是战后的城市废墟。自此，贝梅尔曼斯再也没有将欧洲安排为任何一本童书故事的背景，直至1953年《玛德琳的救赎》的出版。

贝梅尔曼斯在其职业生涯的后半段将自己的关注点更多地放在与美国有关的主题上。他很喜欢纽约，大部分的时间都居住在曼哈顿的格拉梅西公园附近。他的住所也是多用途的工作室，他在这里展示作品并招待客人。在芭芭拉的记忆中，对于家中陈设和装修，她和母亲都没有发言权。房间里总是摆放着贝梅尔曼斯在旅行中收集的各种家具，包括来自厄瓜多尔的镜子和蒂罗尔

17世纪出产的箱子。[32]贝梅尔曼斯用栗子树的叶子和鸽子的图案来装饰客厅的墙壁，并给壁炉涂上了亮粉。[33]

卡莱尔酒店的壁画

1947年，贝梅尔曼斯对壁画的热衷为他带来了记忆深刻的订单——为奢华的卡莱尔酒店的酒吧墙壁绘画。至于佣金，贝梅尔曼斯并未得到任何钱款报酬，而是可以在酒店居住十八个月。壁画将中央公园描绘成一个异想天开的版本：动物们在这里欣赏景色，克拉维尔小姐和十二个排成两列的小女孩正在地面上行走。凭借这部作品，贝梅尔曼斯用自己独特的方式向纽约、纽约城中的名流及奢华的高档酒店表达了自己的热爱。如今，这些壁画在

上图
绘制于卡莱尔酒店酒吧里的壁画细节图，纽约

卡莱尔酒店仍然可见，酒吧被命名为“贝梅尔曼斯酒吧”。

1953年，贝梅尔曼斯为亚里士多德·奥纳西斯的一艘名为“克里斯蒂娜”的邮轮上的儿童餐厅墙壁绘制玛德琳主题的场景，其中一个场景收录于《玛德琳的救赎》。

以美国社会为背景的儿童绘本

1950年，《阳光：一个有关纽约城的故事》由西蒙舒斯特出版社出版发行。这是贝梅尔曼斯以美国社会为背景所创作的第一本儿童读物。这本书的风格与《玛德琳》类似，数张全彩页面，大部分绘图则是以黄色、粉红色或紫色纸张为背景的黑色线条图案。主题城市的著名景观再一次成为叙述的背景，纽约的沿河风光则被安排在版面首尾。作品讲述的是关于“阳光先生”的故事。他将自己的公寓出租给一位老太太。这个在他眼中十分温顺的老太太，其实是一个喧嚣嘈杂的儿童音乐学校的负责人。

与《玛德琳》一样，贝梅尔曼斯在本书出版之前就创作了

下图和第75页图
《阳光:一个有关纽约城的故事》插画，1950年

第76页图

画架前的贝梅尔曼斯，约1958年

上图

《帕斯利》的铅笔草绘，1955年

下图
《帕斯利》插画，1955年

《阳光：一个有关于纽约城的故事》的缩减版，并于1949年在《好主妇》杂志上发表，他在其他儿童绘本的创作中延续了这一习惯。对于出版商而言，这种工作方式无疑具有明显的优势：它既可以获得提前宣传的效果，又可以在印刷的时候再次使用现成的色彩分离。在其职业生涯的这个时期，贝梅尔曼斯非常清楚如何以最好的方式宣传自己的作品并使其顺利出版发行。

《帕斯利》（1955年）将故事背景安排在美国新英格兰地区，风格与贝梅尔曼斯之前出版的儿童读本大相径庭。本书采用横向排版方式，使用了大量色彩丰富的、带有自然主义风格的水粉画，文字部分被安置在单独的页面，读起来也缺少趣味性。它没有其他作品中那些频繁出现的小动物。帕斯利是一只鹿的名字，本书的主题是反对狩猎。这个主题来自贝梅尔曼斯的妻子米米，她是一名保护动物权益的活动家。贝梅尔曼斯非常看重图像的真实性，在《帕斯利》一书中，那些富有年代感的家具是以实物为模型绘制的，而带有当地特色的野花，则以索引的形式出现在本书的末尾，这也许是出于教育小读者的使命感。

鸽子餐厅

在《我的艺术生涯》（1958年）一书中，贝梅尔曼斯提及在20世纪50年代早期，他热切渴望能够实现终生理想的野心——成为一名真正的艺术家，为了实现这一愿望，他开始在巴黎寻找一个适合居住和工作的场所。最终在西岱岛，他发现了“恰恰是我一直在寻觅的——一座可爱的房子，一半像宫殿，一半像废墟，一个被葡萄藤蔓覆盖的老房子。底楼有一个小酒吧……屋子前面有一个小花园”。[34]他买下了这座位于鸽子街4号的房子，还聘请了一个建筑师来改造它，在他的设想中，这应该是一座“一天二十四小时都被音乐、欢乐和生活气息所填满的房子”。[35]

贝梅尔曼斯为底楼的小酒吧墙壁绘制了画作，这些绘画与其早期绘制于哈布斯堡餐厅和卡莱尔酒店的壁画不同，这些早期壁画作品旨在描绘城市场景，并且具有插画书的叙事特质。他在鸽子街这栋建筑里绘制的壁画所展现的则是正在用餐的人们、侍应生和厨师们的大幅肖像，并涂上了油彩颜料，这种风格与其后期所创作的布面油画作品非常接近。他在天花板上画满了鸽子，让人联想起亨利·马蒂斯和野兽主义的作品。贝梅尔曼斯还为餐厅绘制了线条优美的广告图、餐厅标志和名片。

上图
鸽子餐厅的名片插画，1954年

第81页图
鸽子街街景，巴黎，收录于《我的艺术生涯》一书，1958年

BLANCHISSERIE
QUAI
AUX
Fleurs

第82页图和上图

鸽子餐厅的壁画，1954年

RUE DE
LA CO
LOMBE
LE MONDE
MESDAMES

鸽子餐厅于1954年4月正式开业，然而此时装修尚未完工，这项工程陷入了官僚科层体制的泥潭。在开业典礼上，需要使用化妆间或洗手间的客人只能乘坐出租车前往附近的另一家酒店，出租车是贝梅尔曼斯专为这个用途所购，并精心地设计为在一侧的车门上印有“男士”标志，另一侧则印有“女士”标志。但事实证明这是一个代价高昂的错误，贝梅尔曼斯只好于1956年出售了这所他曾经拥有的唯一一处房产。

《玛德琳》的回归

在巴黎购置房产的开销也许是贝梅尔曼斯在近十五年后创作出版第二辑《玛德琳》的原因。为此，他决定与维京出版社的梅·马西女士合作。梅·马西女士于1958年为维京出版社购买了《玛德琳》第二辑的版权。贝梅尔曼斯在其一生中所出版的其他四辑《玛德琳》，都是与梅·马西女士合作出版的。

在《玛德琳的救赎》（1953年）中，女主角不慎坠入塞纳河，被一只叫作吉纳维芙的狗救出。女孩们一直将狗养在宿舍里，直到校董会坚持要求将吉纳维芙驱逐。结果人们在巴黎许多地标性地点追逐围捕吉纳维芙，例如贝梅尔曼斯曾研究过的拉雪兹神父公墓。最后，吉纳维芙得以安全返回学校，并产下了十二只小狗，每个女孩子都分得了一只。本书的故事线延续了“玛德琳”公式：一个危险的时候，一场与权威的斗争，一位富有同情心的克拉维尔小姐，以及一个美满的结尾。某些语句，例如“克拉维尔小姐把灯打开了”，从第一辑《玛德琳》开始就重复出现。每一辑《玛德琳》都遵循由彩色插画和以水洗黄色为背景的黑色线条绘图组成。

在某一个看似是定稿的版本中，尽管构图已经非常果敢，但似乎贝梅尔曼斯仍在继续修改和重写文字部分。即便是在杂志上已经发表了某个故事版本之后，贝梅尔曼斯仍然在与梅·马西女士讨论角色的名字。她在一封书信中称赞他的插画时说道：“这些绘画中没有任何一根线条显得低廉，但我觉得库库·法斯（校

第84页图
《我的艺术生涯》插画，1958年，这幅作品描绘的是印有“男士”和“女士”标志的出租车。在鸽子餐厅的开业典礼上，想要使用化妆间或洗手间的客人们需要乘坐这辆作为交通工具的出租车前往附近酒店。巴黎，1954年

MADELINE WOULD NOW BE DEAD
BUT FOR
A DOG
~~That kept its head~~ ?
Head
Next page

第86页图和上图

铅笔和水彩颜料草绘，《玛德琳的救赎》插画，1953年监的名字）和弗莱贝格（救人的狗的名字）的名字很普通，就像是从那种极其普通的卡通漫画中拣出来的名字。”[36]梅·马西女士对漫画的偏见依然存在。尽管贝梅尔曼斯当时已经是一位知名作家，但梅·马西女士仍然在这一场辩论中取得了部分胜利，因为在最终版本中，虽然校监的名字被保留了下来，但这只狗的名字被改为吉纳维芙。

在对《玛德琳的救赎》的评论文章里，许多都提及了玛德琳这一角色持久的吸引力——无论是在儿童还是成年的读者群中都备受欢迎。然而它仍然被定义为一本儿童读本，《玛德琳的救赎》于1954年赢得美国“凯迪克奖”图书大奖金奖。贝梅尔曼斯在接受颁奖时发表演讲，定义他的儿童读者们——“他们拥有透彻的眼神并充满热情。”[37]除此之外，他发现自己特别热衷为孩子们写作，因为他觉得：“我的实际年龄大约是六岁。”[38]这种与孩子们的亲密关系使他能够从孩子们身上学到许多东西。在与两岁的教子马尔坎托尼奥·克雷斯皮共同阅读《玛德琳的救赎》

下图

铅笔和水彩颜料草绘，《玛德琳的救赎》插画，1953年

第89页图

本页的上下两幅插画分别是《玛德琳的救赎》的同一场景的两个不同版本，上图是铅笔和水彩颜料草绘，下图则是成书出版时的版本。1953年

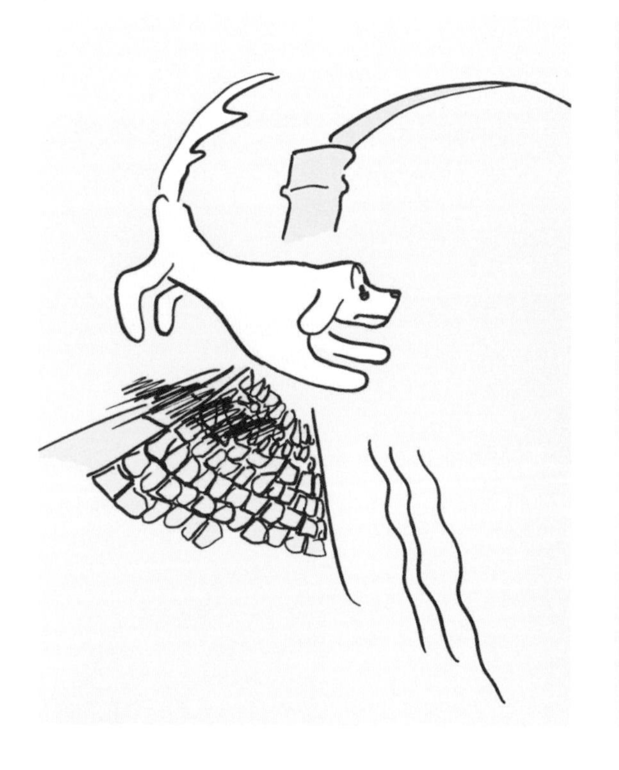

Poor MADELEINE WOULD
NOW BE DEAD —

右图
贝梅尔曼斯正在构思《玛德琳和吉卜赛人》的插画，1959年

MADELINE and
THE BAD HAT

MADELINE - PEPITO
AND THE
GYPSIES
A.

第92页图
水彩草绘，《玛德琳和吉卜赛人》的封面，1959年

上图
《玛德琳和吉卜赛人》的封面，1959年

以后，贝梅尔曼斯便对他的下一本书——《玛德琳和坏帽子》（1956年）的许多插画做出了修改，他说道："我按照事物原有的姿态来描绘它们，但是它们必须让孩子们看得明白。一朵花必须是一朵花，太阳必须是太阳。它可以被风格化，但是必须简单、清晰，并且能被迅速理解。"[39]

从整个"玛德琳"系列，我们都可以看到贝梅尔曼斯早期的卡通漫画作品对其艺术创作所产生的影响。在《玛德琳和吉卜赛

第94页上图
《玛德琳和吉卜赛人》的情节串联图板及其中一幅已经完成的插画，1959年

第94页下图
《玛德琳和吉卜赛人》的铅笔和水彩颜料草绘，1959年

上图
《玛德琳和吉卜赛人》的插画，1959年

人》（1959年）的无文字版草稿中，他用漫画格子的格式描绘了好几个场景，这些用铅笔和水彩颜料绘制的草图，显示出贝梅尔曼斯是如何通过图像形式呈现故事线的——这一切发生在文字构思之前。这一辑“玛德琳”的故事情节来源于贝梅尔曼斯儿童时期的个人经历——被一只狗拯救，被吉卜赛人拐卖，被一批脱缰的马带跑。他还创作了许多吸引年轻读者的故事。“玛德琳”系列均由满满的细节和惊喜元素完美组合而成，彰显出对于如何捕捉吸引孩子们的想象力，贝梅尔曼斯深谙其道。

贝梅尔曼斯有生之年出版的最后一本“玛德琳”系列作品是《玛德琳在伦敦》（1961年），尽管他觉得这本书的时间限制

过于紧张。他宣称自己从此不想再这么匆忙。在他去世后很久，《玛德琳的圣诞节》才于1985年出版。本书以贝梅尔曼斯于1956年在《麦考尔》杂志上所发表的版本为蓝本，主要的故事线则取自1955年尼曼商场所发行的赠刊《玛德琳在得克萨斯州的圣诞节》，在出版前将收录的插画放大并重新着色。

在人生的最后几年，贝梅尔曼斯还与杰奎琳·肯尼迪一起创作过玛德琳的故事。是杰奎琳·肯尼迪先联系的贝梅尔曼斯，她说《玛德琳》对她的女儿卡罗琳来说意义非凡。他很快写下了诚恳的回复，在信中他这样袒露自己的心声："我常常在午夜时分醒来——盯着那些敞开着我却始终无法穿过或是那些紧闭着我始终无法打开的门——而那些使我免于思想枯竭的儿童读本，正是在这些时分创作而成的。"[40]

1961年1月，约翰·肯尼迪出任美国总统。当杰奎琳成为美国第一夫人后，她和贝梅尔曼斯讨论共同创作一本关于玛德琳到访白宫的故事书。但贝梅尔曼斯的去世让这个项目无疾而终。

左上图
《玛德琳在伦敦》的钢笔墨水草绘图，1961年

右上图
《玛德琳在伦敦》封面插画，安德烈·多伊奇出版社版本，1961年

第97页图
《玛德琳的圣诞节》的铅笔草绘

YOU ARE NOT DREAMING * ALL THIS IS TRUE -

[illegible]

HERE'S YOUR BREAKFAST ~~YOUNG LADIES~~ , GOOD MORNING TO YOU !

油画创作

在贝梅尔曼斯重拾玛德琳这个角色期间，他还探索了一个可以远离被书籍、杂志和壁画体裁所限制的新世界。尽管鸽子餐厅并不成功，但它无疑证明了贝梅尔曼斯正在尝试成为一名全职油画画家。他意识到：“我总是用各种理由说服自己回避使用油彩颜料这一尝试——比如我无法忍受油彩和松脂的气味和感觉，或者是我没有耐心等待颜料晾干。”[41]

贝梅尔曼斯似乎无法将自己在使用铅笔和蜡笔线条作画时的得心应手运用到油画中来——“这个过程就好像是往一个盘子上砸了一勺生奶油”——油画创作进展十分缓慢。[42]然而在当时，人们普遍认为布面油画是一种更有价值的艺术形式，油画作品的售价远远高于插画。这并非一个简单的过渡，贝梅尔曼斯发现自己在面对可怕的白色布面时，必须用香槟和雪茄来武装自己。

> 这应该是一件让我高兴的事情——它应该是一种自发性的绘画过程——而不是让我痛苦绝望。很长一段时间我一无所获，甚至想去死。然后突然有一天，我在格拉梅西公园看到一个正在画画的孩子——他全然是出自某种纯粹的乐趣在作画。我似乎窥得了一些奥秘。那天晚上我如闪电一般飞快地作画，突然灵感乍现……我终于找到了一直寻觅的东西。我要画一座巨大的由钢铁和花岗岩筑成的城市，以及卖花的手推车、卖香肠的小商贩，还有人类生活的其他碎片。[43]

1957年，他在巴黎近郊的阿芙瑞租下了一间工作室。这个坐落在湖边的被葡萄藤蔓所覆盖的建筑曾经是一个古老的餐馆，它让贝梅尔曼斯想起自己在格蒙登度过的童年时光。他坚持不懈地进行绘画，与此同时，他也会抽出时间举办宴会，他曾为包括著名的脱衣舞女多多·昂堡和名流阿尔芒·罗什富科在内的客人们精心准备膳食。贝梅尔曼斯先后在巴黎著名的杜朗-卢埃尔画廊和美国的纽约市立博物馆（1959年）举办了自己的油画作品展。或

第99页图
贝梅尔曼斯与多多·昂堡在他位于巴黎近郊的阿芙瑞的工作室里，1957年

上图

《红发姑娘与狗》，阿芙瑞工作室，油画，1957年

第101页图

《多多·昂堡》，狂马沙龙，巴黎，油画，1957年

ARIS 57

Bemelmans

NEW-YORK

LITHO. L'ATELIER DECIMA · PARIS

许不可避免的是，这些风景油画作品未能展现出他的插画作品所具有的活力和叙事特质；也许他在这方面的能力更多表现于肖像画作品中；然而贝梅尔曼斯在观察和捕捉普通人日常生活细节方面的才能，仍然可以在诸如《红发姑娘与狗》（1957年于杜朗-卢埃尔画廊展出）、《多多·昂堡》（1957年于巴黎狂马沙龙展出）等油画作品中略见一斑。

尽管贝梅尔曼斯将更多的时间花费在油画作品上，然而他并未放弃出版自己的著作。在其一生中所出版的最后几部作品中，《登陆诺亚方舟》（1962年）所描绘的是乘船游览意大利西海岸的经历，其中包括十四幅全彩作品及大量的线条手绘插画。与此同时，他也从未停止创作儿童读本、小说、自传和旅行笔记，直至生命的尽头。每当他从一段旅行归来，像《假日》这样的杂志也常常向他约稿，然而，他曾半开玩笑半认真地说：“我最大的

第102页图

为举办于纽约市立博物馆的个人油画作品展所绘制的海报，1959年，描绘的是《布鲁克林大桥上卖花的手推车》，1959年

左下图

《登陆诺亚方舟》插画，1962年

右下图

《登陆诺亚方舟》标题页插画，1962年

MADELINE
LUDWIG BEMELMANS

灵感来源于银行账户余额不足。”[44]1962年10月1日，贝梅尔曼斯因患有晚期胰腺癌而去世，他被埋葬在弗吉尼亚州的阿灵顿国家公墓，这是他作为第一次世界大战的美国退伍军人的荣誉。

《玛德琳》系列被视为贝梅尔曼斯的不朽之作。看过他作品的读者，无论男女老少，都能被他对生活的那份全情投入所感染。他能在短时间内以一些有趣的方式敏锐地捕捉到各色人群的独特之处，这种能力无疑是与他早年间从事酒店行业所积攒下的人生阅历密不可分的，正是这些积淀帮助他成为了一名了不起的插画家、作家和艺术家。正如他曾经写道：“描绘生活是艺术家最重要的作品，然而只有当你亲身看过它、感受过它、了解过它，你才能让艺术般的生活真正地跃然纸上。”

第104页图
《玛德琳》封面，1939年

下图
玛德琳肖像手绘练习图

附注

1.路德维格·贝梅尔曼斯，《我的艺术生涯》，安德烈·多伊奇出版社，伦敦，1958年，第12页

2.路德维格·贝梅尔曼斯，《我的艺术生涯》，安德烈·多伊奇出版社，伦敦，1958年，第12、17页

3.贝梅尔曼斯，"lausbub"，《人体课程》，约翰·莱恩出版社，博德利·海德出版社，1939年，第5页

4.梅·马西，"路德维格·贝梅尔曼斯"，《号角图书杂志》，1954年八月刊

5.贝梅尔曼斯，《我与美国的战争》，收录于贝梅尔曼斯的《贝梅尔曼斯的世界》，维京出版社，纽约，1955年，第40页

6.贝梅尔曼斯，《我与美国的战争》，收录于贝梅尔曼斯的《贝梅尔曼斯的世界》，维京出版社，纽约，1955年，第42页

7.根据不少史料记载，贝梅尔曼斯在开始纽约的酒店工作之前，曾与一群美国人住在一起。这些史料包括：芭芭拉·贝梅尔曼斯在接受本书作者采访时的叙述，2017年1月14日。1955年，路德维格·贝梅尔曼斯在沃尔多夫·阿斯托里亚度假酒店孔雀廊接受了特克斯·麦克拉里的电台采访。"一场关于路德维格·贝梅尔曼斯的专访"，罗伯特·范·戈尔德，《纽约时报》，1941年1月26日。贝梅尔曼斯的回忆："我想起自己曾经的那些旅行：在蒙大拿州，在肖肖尼峡谷，以及在冰川公园瑞星狼山脚下居住的那些经历。"《告诉他们，它如此美丽》，玛德琳·贝梅尔曼斯，维京出版社，纽约，1985年，第154页

8.贝梅尔曼斯，《贝梅尔曼斯的酒店生涯》，哈米什·汉密尔顿出版社，伦敦，1956年，第30页

9.贝梅尔曼斯，《我与美国的战争》，第29页

10."路德维格·贝梅尔曼斯"（相关词条），玛格丽特·埃林杰《儿童文学百科全书》，伯尼斯·E.卡利南和戴安娜·G.珀森（本册编辑），纽约，2001年，第75页

11.贝梅尔曼斯，《人体课程》，第99页

12.贝梅尔曼斯，《人体课程》，第100页

13.贝梅尔曼斯，《梅·马西：插画家们眼中的她》，文章收录于《号角图书杂志》，1936年七月刊

14."一场关于路德维格·贝梅尔曼斯的专访"，罗伯特·范·戈尔德，《纽约时报》，1941年1月26日

15.路德维格·贝梅尔曼斯给梅·马西女士的书信（这封信没有标注日期），杰基·费希尔·伊斯门，《路德维格·贝梅尔曼斯》，特韦恩出版社，伍德布里奇，康涅狄格州，1996年，第22页

16.约翰·贝梅尔曼斯·马尔恰诺，《贝梅尔曼斯，玛德琳的创造者的人生和艺术》，维京出版社，纽约，1999年，第26页

17.https://lostnewyorkcity.blogspot.com/2009/04/where-to-eat-in-new-york-circa-1934.html [accessed 12 July 2018]

18.https://thenewyorkcityrestaurantarchive.wordpress.com/2017/05/12/hapsburg-house/ [accessed 12 July 2018]

19.贝梅尔曼斯，《金篮子》，维京出版社，纽约，1936年，第51页。本书的第50页有一幅以女学生的鳄鱼为主题的插画

20.芒罗·利夫和路德维格·贝梅尔曼斯共同的作品《面条》，弗雷德里克·斯托克斯（编），纽约，1937年

21."一场关于路德维格·贝梅尔曼斯的专访"，罗伯特·范·戈尔德，《纽约时报》，1941年1月26日

22.贝梅尔曼斯，"路德维格·贝梅尔曼斯在1954年6月22日举行的'凯迪克奖'颁奖典礼上发表的领奖演说"，《号角图书杂志》，1954年八月刊

23.贝梅尔曼斯，《小酒吧》，收录于贝梅尔曼斯的《贝梅尔曼斯的世界》，第161页

24.贝梅尔曼斯，"凯迪克奖"颁奖典礼时的领奖演说

25.贝梅尔曼斯，"凯迪克奖"颁奖典礼时的领奖演说

26.贝梅尔曼斯，《玛德琳》，西蒙舒斯特出版社，纽约，1939年

27.贝梅尔曼斯，《玛德琳》，西蒙舒斯特出版社，纽约，1939年

28."一场关于路德维格·贝梅尔曼斯的专访"，罗伯特·范·戈尔德，《纽约时报》，1941年1月26日

29.伦纳德·香农，"L.贝梅尔曼斯，抑或一位存在于画中城的艺术家"，《纽约时报》，1945年2月25日，第3页

30.芭芭拉·贝梅尔曼斯接受本书作者的采访，2017年1月14日

31.贝梅尔曼斯，《最好的时代：一个重新审视欧洲的视角》，西蒙舒斯特出版社，纽约，1948年，前言

32.芭芭拉·贝梅尔曼斯接受本书作者的采访，2017年1月14日

33."路德维格·贝梅尔曼斯的华丽的公寓"，《Vogue》（美国版），1942年4月1日，第60-62页

34.贝梅尔曼斯，《我的艺术生涯》，第35页

35.贝梅尔曼斯，《我的艺术生涯》，第36页

36.马尔恰诺，《贝梅尔曼斯，玛德琳的创造者的人生和艺术》，第68页

37.贝梅尔曼斯，"凯迪克奖"颁奖典礼时的领奖演说

38.简·贝亚德·柯利，《玛德琳诞生75周年：路德维格·贝梅尔曼斯的艺术》，埃里克·卡尔图画书艺术博物馆，阿默斯特，马萨诸塞州，2014年，第7页

39.马尔恰诺，《贝梅尔曼斯，玛德琳的创造者的人生和艺术》，第130页

40.写给杰奎琳·肯尼迪的书信，1960年9月15日，贝梅尔曼斯档案资料，新泽西州

41.贝梅尔曼斯，《我的艺术生涯》，第61页

42.马尔恰诺，《贝梅尔曼斯，玛德琳的创造者的人生和艺术》，第130页

43.贝梅尔曼斯，"贝梅尔曼斯所绘的纽约"，《假日》杂志，1959年十月刊，第64页

44.梅·马西，"路德维格·贝梅尔曼斯"，《号角图书杂志》，1954年八月刊

45.贝梅尔曼斯，"凯迪克奖"颁奖典礼时的领奖演说

参考书目

路德维格·贝梅尔曼斯所著书籍或文章（包括撰写的文章和绘制的插画）

'Adieu to the Old Ritz', Ludwig Bemelmans, *Town & Country*, December 1950, pp. 90–93

Are You Hungry Are You Cold, Ludwig Bemelmans, World Publishing Company, 1960

'Art at the Hotel Splendide', Ludwig Bemelmans, *New Yorker*, 1 June 1940, pp. 28–32

'Bemelmans Paints New York', Ludwig Bemelmans, *Holiday*, October 1959, p. 64

Best of Times: An Account of Europe Revisited, The, Ludwig Bemelmans, Simon & Schuster, 1948

Blue Danube, The, Ludwig Bemelmans, Viking, 1945

La Bonne Table: His Lifetime Love Affair with the Art of Dining – In His Own Words and His Own Pictures, from behind the Scenes and at Table, selected and edited by Donald and Eleanor Friede, Simon & Schuster, 1964

'Caldecott Award Acceptance by Ludwig Bemelmans, 22 June 1954', *Horn Book Magazine*, August 1954

'La Casserole à la Bemelmans', Ludwig Bemelmans, *Town & Country*, January 1956

Castle No. 9, The, Ludwig Bemelmans, Viking, 1937

Dirty Eddie, Ludwig Bemelmans, Viking, 1947

Donkey Inside, The, Ludwig Bemelmans, Viking, 1941

Eye of God, The, Ludwig Bemelmans, Viking, 1949

Father, Dear Father, Ludwig Bemelmans, Viking, 1953

Golden Basket, The, Ludwig Bemelmans, Viking, 1936

Hansi, Ludwig Bemelmans, Viking, 1934

Hotel Bemelmans, Ludwig Bemelmans, Viking, 1946

Hotel Splendide, Ludwig Bemelmans, Viking, 1941

How to Travel Incognito, Ludwig Bemelmans, Little, Brown, 1952

I Love You, I Love You, I Love You, Ludwig Bemelmans, Viking, 1942

Italian Holiday, Ludwig Bemelmans, Houghton Mifflin, 1961

Life Class, Ludwig Bemelmans, Viking, 1938

Lüchow's German Cookbook, Jan Mitchell, with an introduction and illustrations by Ludwig Bemelmans, Doubleday, 1952

Madeline, Ludwig Bemelmans, Simon & Schuster, 1939

Madeline and the Bad Hat, Ludwig Bemelmans, Viking, 1956

Madeline and the Gypsies, Ludwig Bemelmans, Viking, 1959

MADELINE IN LONDON, LUDWIG BEMELMANS, VIKING, 1961

Madeline's Christmas, Ludwig Bemelmans, Viking, 1985

Madeline's Christmas in Texas, Ludwig Bemelmans, Neiman-Marcus, 1955

Madeline's Rescue, Ludwig Bemelmans, Viking, 1953

Marina, Ludwig Bemelmans, Harper & Row, 1962

'May Massee: As Her Author-Illustrators See Her', Ludwig Bemelmans, *Horn Book Magazine*, July 1936

'Mespoulets of the Splendide', Ludwig Bemelmans, *New Yorker*, 11 May 1940, pp. 17–19

'Monsieur Carnewal and the Start of the Story', Ludwig Bemelmans, in *Writing Books for Boys and Girls: A Young Wings Anthology*, edited by Helen Ferris, Doubleday, 1952

My Life in Art, Ludwig Bemelmans, Harper & Brothers, 1958

My War with the United States, Ludwig Bemelmans, Viking, 1937

Noodle, Munro Leaf, Frederick A. Stokes, 1937

On Board Noah's Ark, Ludwig Bemelmans, Viking, 1962

Parsley, Ludwig Bemelmans, Harper & Brothers, 1955

Quito Express, Ludwig Bemelmans, Viking, 1938

Small Beer, Ludwig Bemelmans, Viking, 1939

'The Splendide's Magician Does a New Trick', Ludwig Bemelmans, *New Yorker*, 27 July 1940, pp. 19–21

Sunshine: A Story About the City of New York, Ludwig Bemelmans, Simon & Schuster, 1950

Tell Them It Was Wonderful, selected writings by Ludwig Bemelmans, edited by Madeleine Bemelmans, Viking, 1985

To the One I Love Best, Ludwig Bemelmans, Viking, 1955

有关路德维格·贝梅尔曼斯的书籍或文章

'Aesthetic Distancing in Ludwig Bemelmans' *Madeline*', Jacqueline F. Eastman, *Children's Literature*, 19 (1991), pp. 75–89

Bemelmans: The Life and Art of Madeline's Creator, John Bemelmans Marciano, Viking, 1999

Bemelmans' New York: An Exhibition of Paintings by Ludwig Bemelmans, Museum of the City of New York, 1959

'An Interview with Ludwig Bemelmans', Robert Van Gelder, *New York Times Book Review*, 26 January 1941

'L. Bemelmans, or an Artist in a Painted City', Leonard Shannon, *New York Times*, 25 February 1945, p. 3

Ludwig Bemelmans, Jackie Fisher Eastman, Twayne Publishers, 1996

'Ludwig Bemelmans', May Massee, *Horn Book Magazine*, August 1954

Ludwig Bemelmans: A Bibliography, edited and compiled by Murray Pomerance, James H. Heineman, 1993

'Ludwig Bemelmans' Splendid Apartment', *Vogue* (US), 1 April 1942, pp. 60–62

Madeline at 75: The Art of Ludwig Bemelmans, Jane Curley, Eric Carle Museum of Picture Book Art, 2014

'Ludwig Bemelmans Sees Life in the Big Hotels', *New York Times*, Robert Van Gelder, 13 November 1938

'Primal Postcards: Madeline as a Secret Space of Ludwig Bemelmans's Childhood', Mary Galbraith, *Michigan Quarterly Review*, 39:3, *Secret Spaces of Childhood* (Part 2) (Summer 2000)

Smithsonian Collection of Newspaper Comics, The, edited by Bill Blackbeard & Martin Williams, Smithsonian Institution Press & Harry N. Abrams, 1977

'Starting Points' in *American Picturebooks: From Noah's Ark to the Beast Within*, Barbara Bader, Macmillan, 1976

年表

1898 年 4 月 27 日，路德维格出生于蒂罗尔州的梅兰（今意大利梅拉诺地区）

1898 年至 1904 年，居住于奥地利萨尔茨卡默古特地区的格蒙登，他的父亲在此处有一处酒店产业

1904 年至 1910 年，父母婚姻破裂以后，随母亲迁往她的故乡德国的雷根斯堡，并被送往位于罗腾堡的寄宿学校

约 1910 年，回到梅兰，开始为他的叔叔汉斯・贝梅尔曼斯工作，他的叔叔在该地区拥有多处酒店产业

1914 年，怀揣着叔叔的介绍信，于平安夜到达美国纽约，叔叔早年间曾在美国生活过一段时间

1915 年，在阿斯特酒店和麦卡尔平酒店工作了一段短暂的时期，在丽思卡尔顿酒店陆陆续续工作了十六年

1917 年 4 月，美国加入第一次世界大战；同年 8 月，贝梅尔曼斯的名字出现在美国的征兵入伍名单上，但并未被派驻海外战场。他的服役经历包括在布法罗堡波特尔的一家精神病院工作

1918 年，加入美国国籍成为美国公民；11 月，以下士军衔身份光荣退伍，随即回到丽思卡尔顿酒店工作

1926 年 6 月 4 日，开始在《纽约世界报》上成功发表了自己的第一则卡通连载《神经伯爵历险记》；然而，在 6 个月以后，该漫画于 1927 年 1 月 7 日停载

1931 年，为了成为一名自由职业的插画师，从丽思卡尔顿酒店辞职，此时的职位是宴会部门的副经理。同样供职于丽思卡尔顿酒店的弟弟奥斯卡，从升降梯上坠落身亡

1932 年，接到了来自《审判》杂志的订单，为 Jell-O 和一个德国烹饪脂肪产品品牌帕尔明绘制广告插画

1934 年 11 月，第一本儿童读本《汉西》由维京出版社出版；随后，他在新泽西迎娶了玛德琳・弗罗因德（“米米”）

1935 年，为哈布斯堡餐厅绘制了装饰性壁画；餐厅的三位合伙人其后买断了他的经营权，他带着米米前往欧洲

1936 年 4 月 21 日，他们的女儿芭芭拉出生了。9 月，第二本儿童读物《金篮子》由维京出版社出版，该书的背景是比利时布鲁日，一个名为玛德琳的女学生形象也就是这样产生的

1937 年，作为六本获奖作品之一，《金篮子》获得了“纽伯瑞大奖”银奖。同年，维京出版社出版了《我与美国的战争》，本书以他于 1917 年至 1918 年为美国军队服役期间的个人日记改编而成，这本书的成功使他名声大噪，为公众所知。其后，他开始为一些顶尖杂志撰写文章及绘制插画，这些杂志包括《城里城外》《Vogue》《纽约客》等。由芒罗・利夫配文、贝梅尔曼斯绘图的作品《面条》由弗雷德里克・A. 斯托克斯出版公司出版。他的第三本儿童读本《第九号城堡》由维京出版社出版，故事发生在奥地利，本书创作于他在厄瓜多尔旅行期间

1938 年，与米米和芭芭拉共同前往巴黎旅行。《人体课程》由维京出版社出版。他先后出版过数册基于其在丽思卡尔顿酒店的生活工作经历的短篇自传体随笔，《人体课程》是其中的第一本，书中的插画均为钢笔墨水手绘。同年，他出版了自己的第四本儿童读物《基多列车》，本书的灵感来源于在厄瓜多尔的旅行经历

1939 年 9 月，《玛德琳》由西蒙舒斯特出版社出版。《小酒吧》，另一本短篇插画随笔由维京出版社出版

1940 年，作为三本获奖作品之一，《玛德琳》获得了“凯迪克奖”银奖

1941 年，维京出版社先后出版了《锦绣酒店》（本书可被视为《人体课程》的一个更详细的版本）和以厄瓜多尔旅行经历为背景的《驴子的内心》

1942 年，《我爱你，我爱你，我爱你》故事系列由维京出版社出版

1943 年，第一本小说《现在我躺下睡觉》由维京出版社出版

1944 年，接受米高梅（MGM）公司的聘请成为一名编剧前往好莱坞工作。与雅克・泰里共同创作了剧本《约兰德和盗贼》，该剧本的雏形是一篇于 1943 年最初发表于《城里城外》的短篇故事，后来被拍摄成电影，并于 1945 年发行

1945 年，彩色插画绘本《蓝色的多瑙河》由维京出版社出版。该书的部分场景来源于他于 1935 年在德国的经历

1946 年，在对从前发表的相关题材的作品进行整合以后，另一本以酒店生活经历为背景的作品《贝梅尔曼斯的酒店生涯》由维京出版社出版

1947 年，接受了为纽约卡莱尔酒店的酒吧绘制壁画的订单。贝梅尔曼斯一家在酒店免费居住了十八个月，作为这项工作的报酬。以好莱坞为背景的小说《肮脏的艾迪》由维京出版社出版

1948 年，在《假日》杂志的资助下，他于 1946 年至 1947 年在欧洲旅行。以本次旅行经历为素材的作品《最好的时代：一个重新审视欧洲的视角》由西蒙舒斯特出版社出版

1949 年，以蒂罗尔为背景的小说《上帝之眼》由维京出版社出版

1950 年，于《城里城外》杂志十二月刊发表了系列作品《再见了，老丽思》，这个系列是为了纪念丽思卡尔顿酒店的结业。他的第一本以美国社会为背景的儿童读物《阳光：一个有关纽约城的故事》由西蒙舒斯特出版社出版

1952 年，为《吕肖餐厅的德国菜谱》（菜谱来源于纽约一家著名的德国餐厅）一书设计了护封，并撰写了简介和绘制了一些插画。本书由双日出版社出版

1953 年，《玛德琳的救赎》由梅・马西编辑于维京出版社出版。他的女儿芭芭拉所著的《父亲，亲爱的父亲》由维京出版社出版。开始在缅因州海岸的坎波贝罗岛创作油画作品。同年，为亚里士多德・奥纳西斯的一艘名为“克里斯蒂娜”的邮轮上的儿童餐厅绘制“玛德琳”主题的壁画

1954 年，《玛德琳的救赎》赢得“凯迪克奖”图书大奖金奖。在西岱岛上开设了鸽子餐厅，并为餐厅绘制了装饰性壁画。这项生意并不成功，两年后，他不得不将餐厅出售给他人

1955 年，以美国新英格兰地区为背景的儿童读本《帕斯利》由哈珀兄弟出版社出版。他在好莱坞工作期间所结识的挚友，著名室内设计师埃尔茜・德・沃尔夫于 1950 年逝世。为了纪念好友，他创作了《给我最爱的人：门德尔女士的生活桥段（埃尔茜・德・沃尔夫）》，由维京出版社出版

1956 年，《玛德琳和坏帽子》由维京出版社出版。本书介绍了一个新角色：佩皮托，西班牙大使的儿子

1957 年，在巴黎近郊的阿芙瑞租下了一间工作室。10 月 22 日至 11 月 6 日，他的作品在位于巴黎的杜朗－卢埃尔画廊展出

1958 年，《我的艺术生涯》由哈珀兄弟出版社出版。本书记载了关于格蒙登的儿时回忆、鸽子餐厅的经营过程以及在阿芙瑞创作油画作品的经历。书中的插画由线条和颜料组成

1959 年，《玛德琳和吉卜赛人》由维京出版社出版。本书延续了玛德琳和佩皮托的故事，他们在吉卜赛狂欢节上走丢了。纽约市立博物馆于 1 月 14 日至 1960 年 1 月 3 日期间展出了他所创作的油画作品

1961 年，《玛德琳在伦敦》由维京出版社出版。在书中，玛德琳和她的同学们来到了伦敦看望佩皮托。《意大利假期》收录了一系列曾发表于《假日》杂志的作品，由波士顿的霍顿·米夫林出版社出版

1962 年，《登陆诺亚方舟》由维京出版社出版，本书描绘的是一次乘船游览地中海的经历。路德维格于 10 月 1 日在纽约逝世，他被埋葬在弗吉尼亚州的阿灵顿国家公墓 43 区 2618 号墓穴

致谢

在本书的完成过程中，许多人为我提供了帮助，但我特别需要感谢芭芭拉·贝梅尔曼斯，她友善地分享了她对父亲的记忆，并慷慨地允许我翻阅有关她父亲的档案资料。查尔斯和德博拉·罗伊斯所收藏的宝贵资料使本书的素材更为丰富，对此我深表感激。除此之外，我还需要感谢以下的人，他们以各种方式为我提供了很大的帮助：迈拉·巴尔斯、艾利森·布里顿、简·柯利、希拉里·哈特菲尔德、马伊拉·卡尔曼、乔安娜·莫里森、苏珊·威廉斯、昆丁·布雷克和克劳迪娅·泽夫，他们从未吝啬过自己的时间，始终鼓励着我。我还要感谢泰晤士&赫德逊，尤其是朱莉娅·麦肯齐和安珀·侯赛因，为本书做出了重要的贡献。最后，我要感谢我的丈夫埃米利亚诺·马尔费拉里以及我们的两个女儿阿尔芭和莉娜，他们始终充满耐心并给予我无限支持。

图片来源

对本书有重要贡献的人

昆丁·布雷克（Quentin Blake）是英国最杰出的插画家之一。他在皇家艺术学院执教20年，并于1978年至1986年间，在该校担任插画系系主任一职。布雷克于2013年获得骑士勋章，以表彰他在插画领域的贡献。2014年在法国又被授予荣誉军团勋章。

劳里·布里顿·纽厄尔（Laurie Britton Newell）是伦敦韦尔科姆收藏博物馆的高级策展人，她曾在欧洲和美国从事艺术科研工作，她经常撰写一些关于插画、手工、艺术和创意艺术项目的评论，并发表了许多演讲。

克劳迪娅·泽夫（Claudia Zeff）是一位艺术总监，从事图书封面、杂志及儿童书的插画委托业务多年。她协助昆丁·布雷克创立了“插画之屋”博物馆，现任副馆长。自2011年起，她担任昆丁·布雷克的创意顾问。

索引

斜体代表插画页码